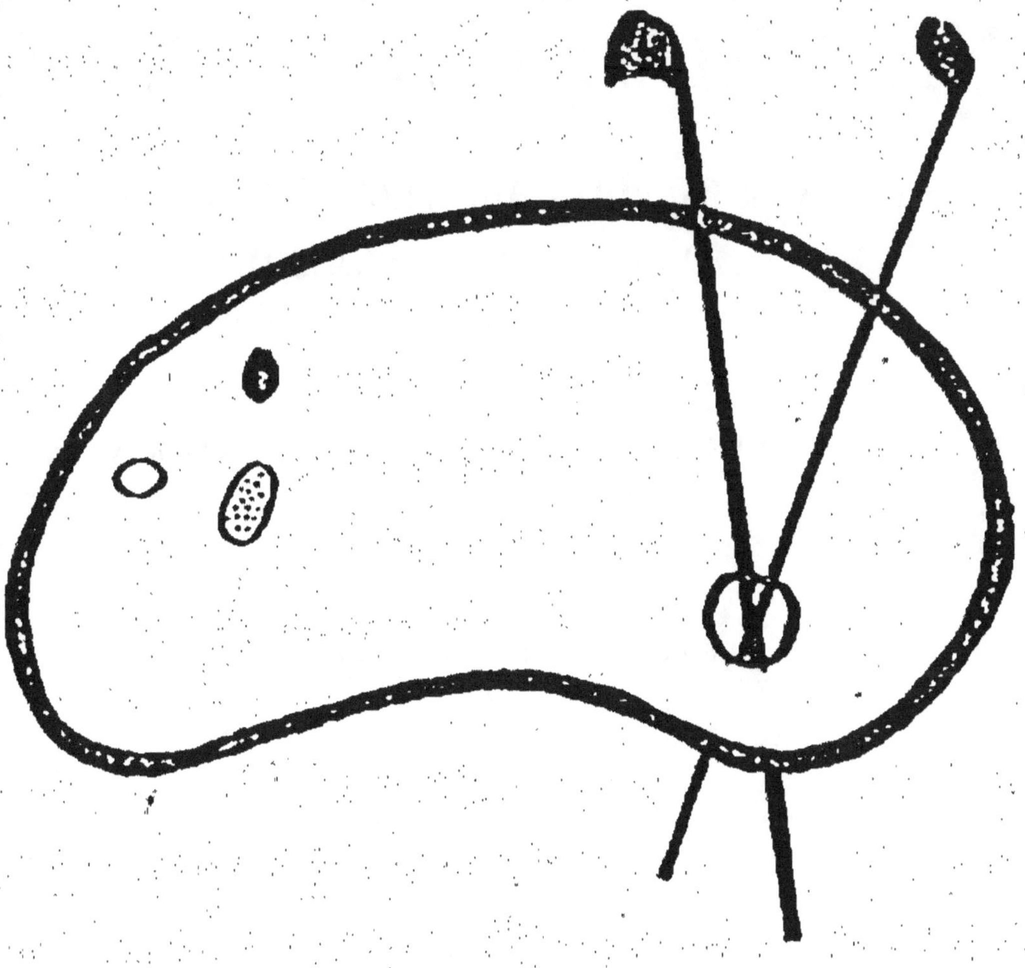

DEBUT D'UNE SERIE DE DOCUMENTS
EN COULEUR

MÉMOIRE

SUR

UN PROJET D'AVENUE

RELIANT LA PLACE DE L'HOTEL-DE-VILLE
A LA PLACE DE LA COMÉDIE

PRÉSENTÉ

A M. LE MAIRE ET A MM. LES CONSEILLERS MUNICIPAUX

DE LA VILLE DE BORDEAUX

PAR

MM. E. GERVAIS, ARCHITECTE, ET **Alb. AKA**, EXPERT,
COURTIER D'IMMEUBLES.

BORDEAUX

IMPRIMERIE G. GOUNOUILHOU
11, RUE GUIRAUDE, 11

—

1896

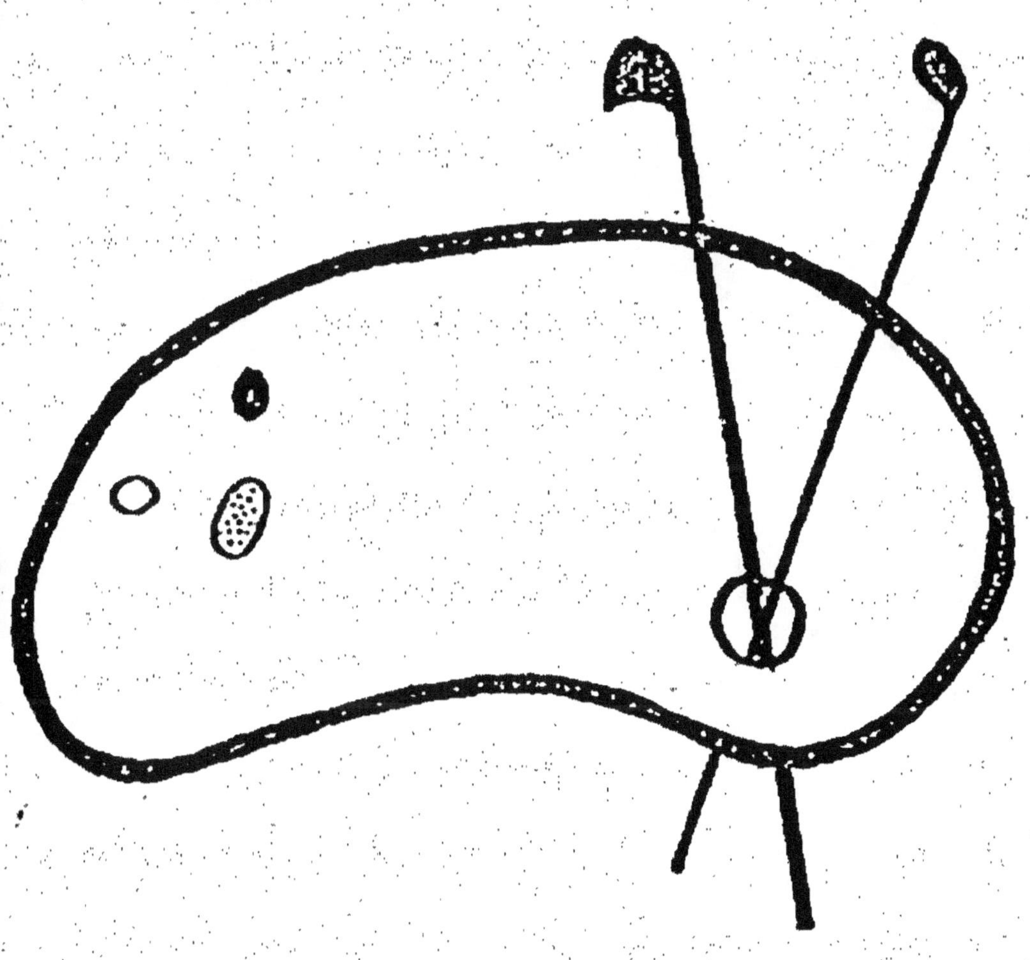

FIN D'UNE SERIE DE DOCUMENTS
EN COULEUR

MÉMOIRE

SUR

UN PROJET D'AVENUE

RELIANT LA PLACE DE L'HOTEL-DE-VILLE

A LA PLACE DE LA COMÉDIE

PRÉSENTÉ

A M. LE MAIRE ET A MM. LES CONSEILLERS MUNICIPAUX

DE LA VILLE DE BORDEAUX

PAR

MM. E. GERVAIS, ARCHITECTE, ET **Alb. AKA**, EXPERT,

COURTIER D'IMMEUBLES.

BORDEAUX

IMPRIMERIE G. GOUNOUILHOU

11, RUE GUIRAUDE, 11

—

1896

MÉMOIRE

SUR

UN PROJET D'AVENUE

RELIANT LA PLACE DE L'HÔTEL-DE-VILLE
A LA PLACE DE LA COMÉDIE

Au moment où divers projets de percement de voies nouvelles sollicitent l'attention publique et sont soumis à l'examen de la Municipalité bordelaise, nous croyons opportun de lui faire connaître celui que nous avons conçu et étudié depuis longtemps, et dont on trouvera ci-joint le plan et la vue perspective.

Ce projet nous paraît, à tous égards, digne d'entrer dans le cadre général des embellissements de la ville. Il consiste à ouvrir une avenue de 20 mètres, mettant en communication directe les places de la Comédie et de l'Hôtel-de-Ville, en présentant face à face notre beau Théâtre et le Palais-Rohan. Cette voie serait à Bordeaux ce qu'est à Paris l'avenue de l'Opéra.

Un simple coup d'œil sur le plan de Bordeaux permet d'apprécier les multiples avantages qu'elle présente. Sa réalisation, dans le cœur même de la ville, renversant les vieilles maisons, faisant disparaître les rues tortueuses, privées d'air et de lumière, serait un véritable bienfait.

Nous allons examiner successivement les avantages

de ce projet, aux divers points de vue de la circulation, de l'assainissement, de la spéculation et de l'embellissement de la ville.

De la Circulation.

Le mouvement de la circulation, dans une ville, est déterminé, comme on le sait, par la position respective des divers quartiers et des édifices consacrés aux administrations ou établissements ayant entr'eux des rapports d'affaires.

A Bordeaux, du côté de la place Rohan, nous voyons l'Hôtel de Ville, la Caisse d'épargne, l'Athénée, le Quartier général, la Cathédrale, la Faculté de droit, le Rectorat, la Permanence, la Gendarmerie départementale, à proximité du Palais de Justice et de l'Hôpital Saint-André.

Du côté de la place de la Comédie se concentrent les grands hôtels de voyageurs, les restaurants principaux, les cafés en renom, puis le Grand-Théâtre, la Préfecture, la Banque, la Bourse et les succursales des grands établissements de crédit.

Ces deux groupes d'édifices et d'établissements ayant entr'eux des relations commerciales, administratives ou privées, de toute nature, provoquant un va-et-vient permanent de gens affairés, se trouveraient, après la réalisation de notre projet, reliés par une voie large, directe, diminuant la distance et facilitant les communications.

D'autre part, il existe un mouvement très actif entre les quartiers populeux du sud de la ville, le Tondu, Pessac et Saint-Genès, quartiers habités par un grand nombre d'employés d'administration et de commerce, de petits rentiers et de négociants ayant leur comptoir en ville, et la place de la Comédie, qui doit être considérée comme le centre où convergent toutes les artères aboutissant à la périphérie de la ville.

Ce mouvement n'est peut-être pas moins actif entre la même place et les quartiers Saint-Nicolas, Saint-Bruno, Caudéran et le Bouscat, les Chartrons; mais il a pour artères principales la route de Toulouse et la rue Sainte-Catherine pour le premier; la rue d'Arès, la place Gambetta et le cours de l'Intendance pour le second; les rues Judaïque ou de la Croix-Blanche et Capdeville et le cours de l'Intendance pour le troisième; les rues Croix-de-Seguey, Fondaudège et les allées de Tourny pour le quatrième; les quais des Chartrons ou le cours du Jardin-Public et la place des Quinconces pour le dernier. Par ces artères, la circulation s'opère librement et aboutit directement, presque en ligne droite, à la place de la Comédie.

Il n'en est pas de même pour les quartiers du Tondu, de Pessac et de Saint-Genès, qui se ramifient à la rue du Palais-de-Justice.

De la place de la Comédie à la chaussée de l'Hôtel-de-Ville, formant le prolongement de la rue du Palais-de-Justice à travers la place Rohan, le trajet comprend quatre angles droits : le premier, à l'entrée de la place Pey-Berland; le second, à l'angle de cette place et de la rue Vital-Carles; le troisième, à l'angle de celle-ci et du cours de l'Intendance; le quatrième, au débouché de ce cours sur la place de la Comédie.

La réalisation de notre projet supprimerait ces quatre angles.

La longueur du trajet que l'on parcourt actuellement pour se rendre de la place de l'Hôtel-de-Ville à la place de la Comédie est exactement de 850 mètres; par l'avenue projetée, cette distance serait réduite à 600 mètres, soit une diminution de 250 mètres, ou de près d'un tiers.

Mais l'ouverture de la voie que nous proposons ne profiterait pas uniquement aux quartiers du Tondu, de Pessac et de Saint-Genès.

Quand le prolongement de la rue Duffour-Dubergier jusqu'à la place d'Aquitaine sera un fait accompli, la rencontre de la rue Gouvion avec l'avenue nouvelle ouvrira un débouché de plus aux quartiers Saint-Nicolas et de la gare du Midi, vers la place de la Comédie, où ils convergent aujourd'hui par la rue Sainte-Catherine, dont le parcours est devenu si difficile et même dangereux par son étroitesse, les rampes qu'elle franchit et la foule de gens et de voitures qui l'encombrent en tous temps.

L'une des conséquences de l'ouverture de l'avenue, par sa jonction avec la rue Duffour-Dubergier prolongée, serait le dégagement de la rue Sainte-Catherine.

De plus, il importe de remarquer que la rue Vital-Carles, comme la rue Sainte-Catherine et toutes celles qui aboutissent au cours de l'Intendance et à la place Gambetta, franchit l'ancien escarpement formé par la rive gauche de la Devèze; que, par suite, elle a une rampe de 5 à 6 centimètres par mètre sur une partie de son étendue, obligeant les chevaux et les piétons à ralentir leur allure, et les tramways à prendre un cheval de renfort. C'est là une nouvelle cause de retard qui s'ajoute à celle de la longueur du trajet.

Le même escarpement étant franchi en biais par l'avenue, la rampe serait réduite à 15 millimètres, et les inconvénients énoncés plus haut disparaîtraient complètement.

La conclusion est que la nouvelle voie rendrait à la circulation des services considérables et qui seraient très appréciés du public affairé, justement avare de son temps.

De l'Assainissement.

Les avantages tirés de l'assainissement du quartier, conséquence de l'ouverture d'une avenue de 20 mètres de largeur dans le centre même de la ville, ne seraient pas moins grands.

La population, en effet, est extrêmement dense dans ce quartier, compris entre les rues Vital-Carles et Sainte-Catherine, dans le sens de la longueur, et entre le cours de l'Intendance et la rue des Trois-Conils, dans le sens de la largeur. Les rues qui le composent sont étroites, mal alignées, rampantes, et bordées de maisons très élevées qui obstruent la circulation de l'air et de la lumière.

Les habitations de cette partie de la ville sont donc humides, insalubres, et faites pour augmenter les dangers d'une épidémie quelconque.

L'ouverture d'une large avenue coupant le quartier en écharpe et le divisant en deux parties égales, présenterait donc, au point de vue de l'hygiène intérieure de la ville, des avantages tellement évidents que nous croyons inutile d'insister davantage sur ce point de notre démonstration.

De la Spéculation.

Dans une ville de l'importance de Bordeaux, où la population, l'industrie, le commerce, les arts et toutes les branches de l'activité humaine sont à l'état de progrès permanent, poser la question de savoir si, dans une large avenue de 20 mètres, reliant les places de l'Hôtel-de-Ville et de la Comédie, des constructions neuves, composées de magasins au rez-de-chaussée et de plusieurs étages de logements, seraient recherchées et louées, c'est la résoudre.

Il n'est pas douteux que le brillant résultat obtenu, au bout de dix ans, sur le cours d'Alsace-et-Lorraine, pourtant bien moins favorablement placé, serait réalisable en beaucoup moins de temps sur la nouvelle avenue. Il est certain que, sur toute la longueur de cette voie, on verrait s'élever rapidement des constructions rivalisant de décoration luxueuse et artistique, occupées par de beaux magasins, et dont les nombreux locataires assureraient aux propriétaires des revenus proportionnés aux dépenses qu'ils auraient faites.

D'autre part, une observation très importante trouve ici sa place; elle frappera, nous en sommes certains, les esprits réfléchis et disposés, avant de juger une affaire de cette importance capitale, à en examiner impartialement toutes les faces.

Les maisons situées actuellement dans le quartier appelé à être transformé, par le percement de l'avenue proposée, ne sont pas seulement privées des conditions d'une bonne hygiène, elles sont également dépourvues du confortable et des agréments que l'on aime à trouver dans les habitations modernes.

Aussi l'habitant du centre de la ville, qui appartient à une classe dont les goûts ne s'accommodent pas aisément d'un intérieur peu en rapport avec le progrès de l'architecture privée, tend-il, quand sa situation ne lui permet pas d'habiter les rues principales où les loyers sont d'un prix élevé, à s'éloigner du côté des faubourgs, où abondent les logements coquets et d'un bon marché relatif.

Les constructions qui s'élèveraient, sinon sur l'avenue même, du moins dans les rues y aboutissant directement, pourraient combler cette lacune en offrant à des prix raisonnables des logements complets, bien distribués, agréables, confortables et salubres.

Les capitaux placés dans la construction de maisons conformes aux derniers progrès, à la place des vieilles habitations qui abondent dans le quartier, ne courraient aucun risque.

Il en résulterait, au contraire, un mouvement d'opérations aussi profitable aux classes ouvrières et industrielles appelées à concourir à leur édification, qu'aux intérêts des propriétaires et au bien-être des habitants.

De l'Embellissement de la Ville.

Ce qui demande le moins à être démontré, c'est la beauté de notre projet, dont tout le monde comprendra à première vue le côté monumental et la grandeur décorative.

Que de fois n'a-t-on pas comparé aux plus beaux quartiers de Paris toute la partie de la ville circonscrite entre la place Gambetta, les cours de l'Intendance et du Chapeau-Rouge, la place Richelieu, les quais

Louis-XVIII, les cours du Pavé-des-Chartrons, du XXX-Juillet, du Jardin-Public et de Tourny, renfermant les places des Quinconces, de la Comédie et les allées de Tourny?

L'avenue que nous proposons transporterait la limite de cette zone au cours d'Alsace-et-Lorraine, en y comprenant le beau quartier de la Cathédrale.

Qu'on se représente cette avenue, bordée de belles maisons, dont la construction pourrait peut-être se trouver affranchie des règlements de voirie actuellement en vigueur au grand détriment de la liberté de l'art et de la sincérité des conceptions architecturales.

Lorsqu'on visite les principales villes de la Suisse, de la Belgique, de l'Angleterre, des États-Unis, on est charmé à l'aspect des façades, qui affectent une variété et une indépendance de physionomie inconnues dans notre pays, où la forme, le règlement, le niveau et l'alignement soumettent les artistes aux prescriptions les plus étroites.

Nous pouvons souhaiter que les percements projetés à Bordeaux présentent une première application de règlements de voirie plus conformes à l'indépendance artistique. Mais, en tout cas, nous pouvons nous figurer l'avenue projetée ouvrant une nouvelle perspective sur notre beau Théâtre, étalant de somptueuses devantures de magasins et une riche succession de balcons suspendus, avec sa chaussée sillonnée d'équipages, ornée de luxueux lampadaires électriques, qui lui donneraient le soir un aspect féerique.

Un tel embellissement ne donnerait-il pas aux Bordelais un droit de plus à l'orgueil légitime que leur inspire leur belle cité?

Tel est, dans ses grandes lignes, le projet que nous soumettons à l'attention de l'Administration municipale, avec la confiance qu'elle le jugera digne d'une étude approfondie, pour laquelle nous nous mettons à sa disposition.

Enfin, nous ne saurions clore ce Mémoire sans éveiller la sollicitude de la Municipalité sur la crise aiguë dont est menacée l'industrie du bâtiment, par une trop longue stagnation des affaires. *Quand le bâtiment va*, dit un vieux dicton, *tout va.* L'exécution de notre projet lui donnerait une impulsion nouvelle. Ce serait le salut pour une foule de familles d'ouvriers, actuellement exposés au chômage et à la misère. Ce serait l'ouverture d'une ère nouvelle de prospérité pour les uns et d'aisance pour les autres, de sécurité pour tous.

Il ne s'agit donc pas seulement d'une œuvre d'utilité publique et d'hygiène, mais encore d'une œuvre de philanthropie et de devoir social, donnant du travail à l'artisan et le luxe aux habitants de l'une des plus belles cités de France.

Bordeaux, le 15 décembre 1896.

Bordeaux. — Imp. G. GOUNOUILHOU, rue Guiraude, 11.

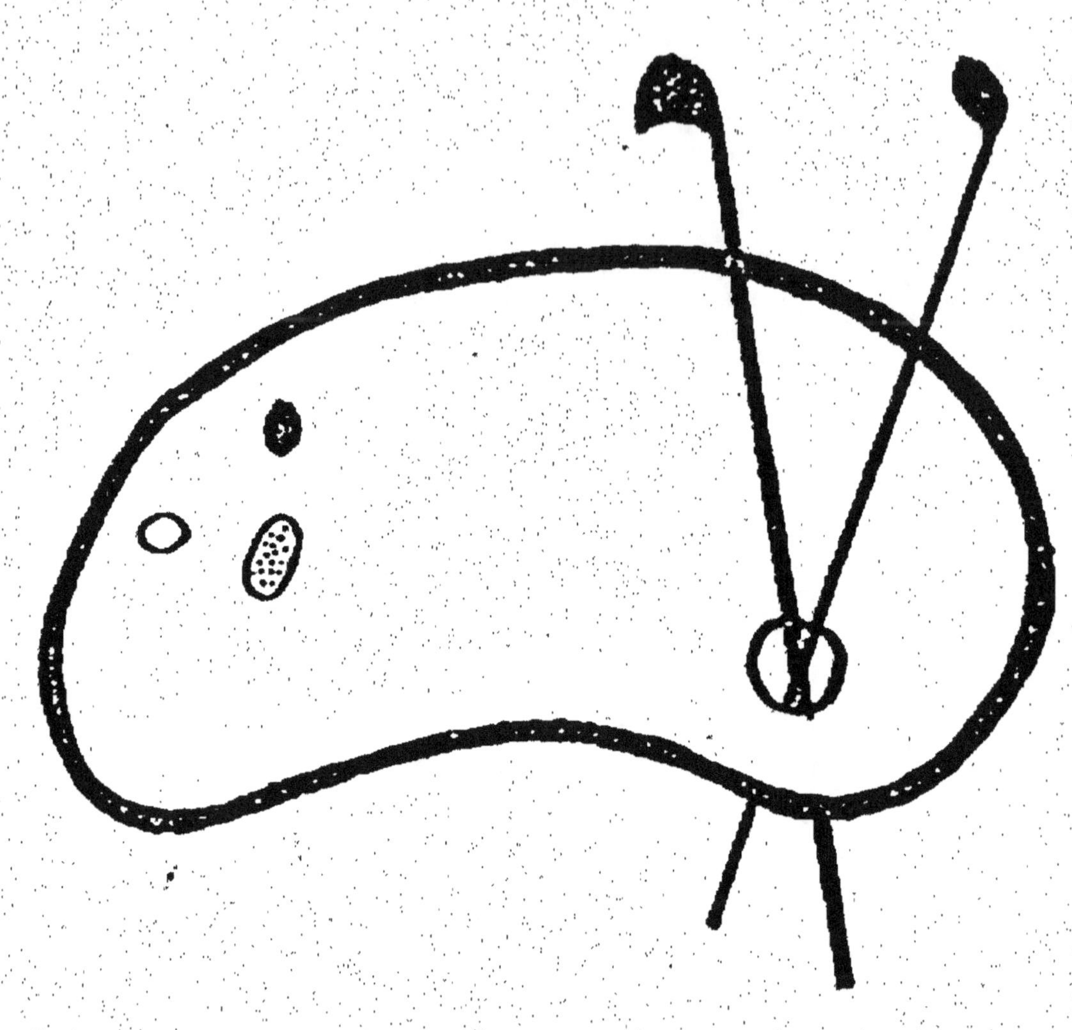

ORIGINAL EN COULEUR
NF Z 43-120-8